piqué des vers.

pierre.

p.

p.

p.

le tort.

8847

CATALOGUE

DES LIVRES

DE FEU M. MOREAU LE JEUNE,

DESSINATEUR ET GRAVEUR, MEMBRE DE PLUSIEURS SOCIÉTÉS SAVANTES,

Dont la Vente se fera le Vendredi 20 Octobre 1815, et jours suivans, à onze heures précises du matin, en sa maison, rue d'Enfer, n° 14.

Se distribue A PARIS,

Chez MM.
- DE BURE Frères, Libraires du Roi et de la Bibliothèque du Roi, rue Serpente, n° 7 ;
- H. DELAROCHE, rue des Petits-Augustins, n° 20 ;
- LESTRADE, Commissaire-Priseur, rue Saint-Méry, n° 15.

---

1. La Sainte Bible, trad. par de Sacy. *Paris*, 1707, *8 vol. pet. in-12. v. b.*   5.

2. La Sainte Bible, trad. en françois par Le Gros. *Cologne*, 1739, *in-12. v. f.*   7 . . 30 .

3. Morceaux choisis de Massillon, et Petit-Carême, par le même. *Paris*, 1809, 2 *vol. in-12. v. rac.* *Pap. Fin.*   5 . - 75 .

4. Les Provinciales, par Pascal. *Amst.* 1761, 4 *vol.* *pet. in-12. v. éc.*   4 . - 95 .

5. Les Caractères de Théophraste et de la Bruyère,   5 . - 60 .

avec des notes, par Coste. *Paris*, 1769, 2 *vol. in*-12. *v. j.*

6. Le Spectateur, trad. de l'anglois. *Paris*, 1722, 5 *vol. in*-12. *v. f.*

7. De l'Homme, par Helvétius. *Londres*, 1773, 2 *vol. in*-8. *v. m.* = De l'Esprit, par le même. *La Haye*, 1759, 3 *vol. in*-12. *v. m.*

8. Histoire naturelle, par de Buffon. *Paris, Plassan, l'an VII*, 68 *vol. in*-18. *fig. cart. Pap. Vél.*

9. Etudes de la Nature, Vœux d'un Solitaire, et la Chaumière indienne, par Bernardin de Saint-Pierre. *Paris*, 1788, 5 *vol. in*-12. *br.*

10. Essai sur les Jardins, par Watelet. *Paris*, 1774, *in*-8. *v. j.*

11. Elémens de Perspective-pratique, par Valenciennes. *Paris, l'an VIII, in*-4. *fig. br.* = Raisonnement sur la Perspective, en italien et en françois. *Parme*, 1758, *in*-4. *fig. br.*

12. Le Grand Livre des Peintres, par Gérard Lairesse. *Paris*, 1787, 2 *vol. in*-4. *fig. dem. rel.*

13. Œuvres complettes de Mengs. *Paris*, 1786, 2 *tom. en* 1 *vol. in*-4. *dem. rel.*

14. Icones Tabularum quæ Romæ extant, a Fr. Perrier delineatæ. *Romæ*, 1645, *in-fol. v. b.*

15. Galeria nel Palazzo Farnese in Roma, dipinta da Annib. Caracci. *In-fol. max. fig. vél.*

16. Recueil de Vues et de Paysages, dessinés par Sylvestre et autres. *In-fol. dem. rel.*

17. Habitus præcipuorum populorum singulari arte depicti. 1577, *in-fol. vél. fig. en bois.*

18. De gli Habiti antichi e moderni di diverse parti del mondo, da Cesare Vecellio. *In Venetia*, 1590, *in*-8. *v. b. fig. en bois.*

19. Recueil d'Ornemens à l'usage des jeunes Artistes, par Cauvet. *Paris*, 1777, *gr. in-fol. fig. cart.*

p

p

le Clerc.

le tort.   manque les vœux d'un solitaire
                           la chaumiere.

Simonnet.

le Clerc.
gregoire.
p
p
p

p

Letort.

gregoire.

pierre.

gregoire.

Simonnet.

P.

28. Bou. xo†

avec deux brochures sur la restauration —
du Dome par Lagardette et Biel.   Simonnet.

P.
P.
P.
P.

20. Choix de Chansons mises en musique par
M. de la Borde. *Paris*, 1773, *gr. in-8. cart.*
Ce volume ne contient que les estampes dessinées et gravées
par M. Moreau.

21. De la manière de graver à l'eau-forte et au
burin, par Bosse. *Paris*, 1745, *in-8. fig. v. f.*

22. Catalogue de l'Œuvre de Cochin fils, par Jom-
bert. *Paris*, 1770, *in-8. v. f.* = Catalogue
de l'Œuvre d'Etienne de la Belle, par le même.
Paris, 1772, *in-8. v. f.*

23. Recherches sur l'Art statuaire, par M. Emeric
David. *Paris*, 1805, *in-8. br.*

24. Essai sur l'Architecture, par Laugier. *Paris*,
1755, *in-8. fig. v. m.* = Théorie des Jardins, (par
Morel). *Paris*, 1776, *in-8. v. j.*

25. Traité théorique et pratique de l'Art de bâtir,
par Rondelet. *Paris*, 1802, 5 *vol. in-4. fig. cart.*

26. Théorie de l'Architecture grecque et romaine,
par le Brun. *Paris*, 1807, *in-fol. fig. cart.*
Pap. Vél.

27. L'Architecture de Vitruve, trad. par Perrault.
Paris, 1673, *in-fol. fig. v. m.*

28. Les Edifices antiques de Rome, par Desgodets.
Paris, 1682, *in-fol. fig. v. m.*

29. Mémoire historique sur le Dôme du Panthéon
françois, par Rondelet. *Paris*, 1797, *in-4. fig.*
cart.

30. Plans de l'Hôtel-de-Ville de Rouen, par le Car-
pentier. *Paris*, 1758, *in-fol. fig. cart.*

31. Dictionnaire de l'Académie françoise. *Nismes*,
1787, 2 *vol. in-4. bas.*

32. Réflexions critiques sur la Poésie et la Peinture,
par Dubos. *Paris*, 1755, 3 *vol. in-12. v. m.*

33. L'Iliade d'Homère, trad. par Bitaubé. *Paris*,
1780, 3 *vol. in-8. v. m.* = Joseph, poëme, par
le même. *Paris*, 1767, *in-8. v. m.* = Guillaume
de Nassau, par le même. *Paris*, 1775, *in-8. v. j.*

(4)

34. Le Théâtre des Grecs, par le P. Brumoy. *Paris*, 1763, 6 *vol. in*-12. *v. m.*
35. Tragédies de Sophocle, trad. par Dupuis. *Paris*, 1761, 2 *vol. in*-12. *v. m.*

36. Lucrèce, trad. en vers françois, par Le Blanc de Guillet. *Paris*, 1788, 2 *vol. in*-8. *br.*

37. Les Œuvres de Virgile, en latin et en françois, trad. par l'abbé Des Fontaines. *Paris*, 1743, 4 *vol. pet. in*-8. *fig. v. m.*

38. Les Œuvres de Virgile, en latin et en françois, trad. par l'abbé Des Fontaines. *Paris*, 1796, 4 *vol. gr. in*-4. *cart. Pap. Vél. fig. avant la lettre.*

39. Les Géorgiques de Virgile, trad. en vers françois, par Delille. *Paris*, 1770, *in*-12. *v. m.* = L'Homme des Champs, par le même. *Basle*, 1800, *in*-8. *br.*

40. La Métamorphose d'Ovide figurée. *Lyon, de Tournes*, 1583, *in*-8. *vél. fig. en bois.*

41. Métamorphoses d'Ovide en rondeaux, par Benserade. *Paris*, 1676, *in*-4. *fig. v. b.*

42. Les Métamorphoses d'Ovide, trad. par Malfilâtre. *Paris*, *l'an VII*, 3 *vol. in*-8. *br.*

43. Les Comédies de Plaute, trad. en françois par Gueudeville. *Leide*, 1719, 10 *vol. in*-12. *fig. v. b.*

44. Les Comédies de Térence, en latin et en françois, trad. par le Monnier. *Paris*, 1771, 3 *vol. in*-8. *fig. v. éc.*

45. Fables de La Fontaine, *Paris*, 1759, *in*-12. *m. r. avec un portrait gravé par M. Moreau.*

46. Œuvres de Boileau Despréaux, avec les notes de Saint-Marc. *Paris*, 1747, 5 *vol. in*-8. *fig. v. m.*

47. Œuvres de Deshoulières. *Paris*, 1754, 2 *vol. pet. in*-12. *v. m.* = Œuvres de Chaulieu. *Paris*, 1757, 2 *vol. pet. in*-12. *v. m.*

48. Œuvres de J. B. Rousseau. *Londres*, 1753, 5 *vol. pet. in*-12. *v. m.*

p.

p.

pierre.

p.

p. à tort.

p.

p.

cailleau

loiseau

pap. de hollande relié en 6 v. rogné.

loiseau

p.

le tort.

51 De B.

Le tort.
p.
p.
p.
p.
p.
pierre
Le tort.
p.
pierre.
p.
marie
p.
.

49. Œuvres diverses de Grécourt. *Londres,* (*Cazin*), 6 - 50.
1780, 4 *vol. in-*18. *v. éc.*

50. Poésies sacrées, par de Pompignan. *Paris,* 4.
1763, *in-*4. *v. éc.*

51. Œuvres de Gresset. *Paris,* 1811, 3 *vol. in-*8. 33 - 5. *9*
br. *Pap. Vél. fig. avant la lettre.*

52. Œuvres du Cardinal de Bernis. 1776, *in-*8. *v. f.* 3 - 45.
= Œuvres choisies de Gresset. *Paris,* 1802,
*in-*12. *fig. br. édit. stéréotype.*

53. Les Mois, poëme, par Roucher. *Paris,* 1779, 4 - 20.
4 *vol. pet. in-*12. *v. m.*

54. La Peinture, poëme, par Le Mierre. *Paris,* 2 - 75.
1769, *in-*4. *fig. v. j.*

55. Fables et Nouvelles, par Imbert. *Paris,* 1773, 4 - 40.
*in-*8. *v. f.* = Historiettes, par le même. *Amst.*
1774, *in-*8. *v. f.*

56. Les Saisons, poëme, par Saint-Lambert. *Amst.* 5 - 30.
1775, *in-*8. *fig. v. j.*

57. Pygmalion, par J. J. Rousseau, mis en vers
par Berquin. *Paris,* 1775, *gr. in-*8. *fig. br.*
La texte est gravé.

58. Anthologie françoise, par Monnet. 1765, 3 *vol.*
*in-*8. *fig. v. m.* = Chansons joyeuses. *In-*8. *v. m.*

 5 - 5.

59. Les A-propos de Société, par Laujon. 1776, 2 - 95.
3 *vol. in-*8. *cart.*

60. Les Œuvres de Pierre et de Th. Corneille. 21.
Paris, 1758, 19 *vol. pet. in-*12. *v. m.*

61. Œuvres de Molière, avec les remarques de 124 - 5. *9*
Bret. *Paris,* 1773, 6 *vol. in-*8. *v. éc. fig. avant*
la lettre.

62. Théâtre de Boursault. *Paris,* 1725, 3 *vol.* 2 - 45.
*in-*12. *v. j.*

63. Œuvres de J. Racine. *Paris, Herhan,* 1801, 6 - 60.
5 *vol. in-*12. *v. r. édit. stéréotype.*

64. Le Théâtre de Baron. *Paris,* 1759, 3 *vol. pet.* 2 - 50.
*in-*12. *v. m.*

3 — 5   65. Œuvres de Dufresny. *Paris*, 1731, 6 *vol. in-12. v. b.*

10 — —   66. Œuvres de Regnard. *Paris*, 1790, 4 *vol. in-8. fig. cart.*

3 — 15   67. Les Œuvres de Crébillon. *Paris*, 1749, 3 *vol. pet. in-12. v. m.*

7 — 15   68. Œuvres de Destouches. *La Haye*, 1752, 8 *vol. in-12. v. m.*

4 — 85   69. Les Œuvres de La Chaussée. *Paris*, 1762, 5 *vol. pet. in-12. v. m.*

6 — —   70. Théâtre de Société, par Collé. *Paris*, 1768, 2 *vol. in-8. v. j.*

6 — 95   71. Théâtre et Poésies fugitives de Collin d'Harle-ville. *Paris*, 1805, 4 *vol. in-8. br.*

30 — 10   72. Orlando Furioso, di Lod. Ariosto. *Parigi*, 1795, 4 *vol. gr. in-4. fig. doubles. cart. Pap. Vél.*

5 — 5   73. Roland Furieux, poëme de l'Arioste, trad. de l'italien, (par Mirabaud). *Paris*, 1758, 4 *vol. pet. in-12. v. m.*

5 — —   74. Jérusalem délivrée, trad. de l'italien par M. Le Brun. *Paris*, 1808, 2 *vol. in-12. fig. v. éc.*

10 — 95   75. Jérusalem délivrée, poëme du Tasse, en italien et en françois, (par Panckoucke et Framery). *Paris*, 1785, 5 *vol. in-18. cart.*

4 — 60   76. La Lusiade du Camöens, trad. par de Castera. *Paris*, 1768, 3 *vol. in-12. v. m.*

2 — —   77. Ossian, trad. de l'anglois par Le Tourneur. *Paris*, 1777, 2 *vol. in-8. br.*

3 — 50   78. Le Paradis perdu de Milton, trad. de l'anglois. *Paris*, 1765, 4 *vol. pet. in-12. v. m.*

43 — 5   79. Shakespeare, trad. de l'anglois par Le Tourneur. *Paris*, 1776, 20 *vol. in-8. br.*

3 — 5   80. Théâtre tragique d'Alexandre Soumarocow, trad. du Russe. *Paris*, 1802, 2 *vol. in-8. br. Pap. Vél. fig. avant la lettre.*

p.

Loiseau

p.

p.

Letort.

p.

Crozet.

Loiseau

Ludot.

Crozet.

Crozet.

p.

pierre

p.

Remont.

Brunet.   avec des titres Déchirés.

82. jol.
il n'y a que 26 figures au lieu de 36.

p - - -

Loiseau

p.

p.

p.

Letort.

Brunau.

Brunet.

p.

p.

p.

truchy

La Loy

81. Lettres à Emilie, sur la Mythologie, par De- — 3 2.
moustier. *Paris*, 1809, 6 *vol. in-8. br. Pap. Vél.*
figures avant la lettre.

82. Recueil des Estampes pour les Lettres à Emilie — 6 - - 5.
sur la Mythologie. *In-8. cart. épreuves avant la*
lettre.

83. Tableaux du Temple des Muses, par de Ma- — 4 - - 5.
rolles. *Paris*, 1655, *in-fol. fig. v. b.*

84. Les Grâces, (recueil publié par de Querlon). — 2 -
Paris, 1769, *in-8. fig. v. éc.*

85. Œuvres de Rabelais. 1666, 2 *vol. pet. in-12.* — 14.
m. r.

86. Les Cent Nouvelles nouvelles. *Londres*, 1744, — 4.
2 *vol. pet. in-12. v. f.*

87. Les Nouvelles de Marguerite de Valois, reine — 40 - - 5.
de Navarre. *Berne*, 1792, *in-8. fig. br. 3 vol.*
~~Les tomes 2 et 3~~

88. Les Aventures de Caleb Williams, trad. de — 8 - - 5.
l'anglois. *Paris, l'an IV,* 2 *vol. in-8. dem. rel.*

89. Les Aventures de Télémaque. *Paris, l'an VII,*
2 *vol. in-12. cart. Pap. Vél. fig. avant la lettre.*
Edit. stéréotype.

90. Le Comte de Valmont. *Paris*, 1807, 6 *vol.* — 40
in-8. cart. Pap. Vél. fig. avant la lettre.

91. Le Diable boiteux, par Le Ságe. *Paris*, 1765, — 2 - - 60.
3 *vol. pet. in-12. v. m.*

92. Histoire de Don Quichotte, trad. de l'espagnol — 7 - - 50.
de Cervántes. *Paris*, 1768, 6 *vol. in-12. v. m.*

93. Histoire de Gilblas, par Le Sage. *Paris*, 1771, — 3 - - 95.
4 *vol. in-12. fig. v. m.*

94. Jacques le Fataliste, par Diderot. *Paris*, 1797,
3 *vol. in-18. bas.* — 7 - - 10.

95. Lettres d'une Péruvienne, par Mme de Grafi-
gny, en françois et en italien. *Paris*, 1797,
in-4. fig. br. Pap. Vél.

96. Primerose et Zelomir, par M. Morel de Vindé. — 2 - - 5.
Paris, 1798, 2 *vol. in-18. fig. br.*

5 - -10 97. Les Souffrances du jeune Werther, par Goethe, trad. de l'allemand. *Paris*, 1809, *in-8. br. Pap. Vél. fig. avant la lettre.*

2 - -95 98. Voyage sentimental, par Sterne, trad. de l'anglois. *Dijon*, 1797, 2 *part. en 1 vol. in-8. v. rac.*

2 - - 99. Le Chef-d'œuvre d'un inconnu, par Themiseul de Saint-Hyacinthe. *Londres*, 1758, 2 *vol. pet. in-12. v. j.*

18 -25 { 100. L'Esprit de Henri IV, ou Anecdotes les plus intéressantes, traits sublimes, etc. de ce prince. *Paris*, 1775, *pet. in-8. v. m.*
101. Essais de Montaigne, avec les notes de Coste. *Londres*, 1769, 10 *vol. pet. in-12. v. j.*

89 -50 102. Œuvres de Montesquieu. *Paris*, 1796, 5 *vol. gr. in-4. dem. rel. Pap. Vél. figures doubles avant et avec la lettre.*

350 - - 103. Œuvres complètes de Voltaire. *Kehl*, 1785, 70 *vol. in-8. fig. dem. rel.*

49 -95 104. Œuvres de J. J. Rousseau. *Genève*, 1782, 24 *vol. in-8. v. j.* = Second supplément, faisant les tomes 31, 32 et 33. *Genève*, 1789, 3 *vol. in-8. br.*

2 - - 105. Le Jugement de Pâris et Œuvres mêlées, par Imbert. *Amst.* 1774, *in-8. fig. v. j.*

12 - 5 106. Œuvres de Florian. *Paris, Renouard*, 1812, 16 *vol. in-18. br.*

50 - 5 107. Œuvres de Gessner. *Paris*, 1799, 4 *vol. in-8. cart. Pap. Vél. fig. avant la lettre.*

8 -95 108. Œuvres de Pope, trad. de l'anglois. *Amst.* 1758, 7 *vol. in-12. v. éc.*

39 -95 109. Œuvres du comte Ant. Hamilton. *Paris*, 1812, 4 *vol. in-8. br. fig. Pap. Vél.*

39 - - 110. Lettres d'Héloïse et d'Abailard, en lat. et en françois. *Paris*, 1796, 3 *vol. gr. in-4. en feuilles. Pap. Vélin. fig. avant la lettre.*

Renouard.

M.ᵉ Vernet.

P.

pierre

Loiseau

Le Clerc.
Le clerc.

papier a 6 t.

P.
La loy.
Kilian

P.

mcquignon j.ʳ
Le clerc.

le tome 3 un peu Roux.

La Loy

grégoire

Simonnet.

Loiseau

p.
p.
Loiseau
p.
pierre.
Loiseau
Brunet.
p.

125. Mou.

111. Lettres de madame de Sévigné, publ. par Grouvelle. *Paris,* 1806, 8 *vol. in*-8. *fig. cart.*
112. Voyage autour du Monde, par de Bougainville. *Paris,* 1772 ; 2 *vol. in*-8. *fig. v. j.*
113. Premier Voyage de Cook, trad. de l'anglois. *Paris,* 1774, 4 *vol. in*-4. *fig. v. éc.*
114. Second Voyage de Cook, trad. de l'anglois. *Paris,* 1778, 6 *vol. in*-8. *v. j. et atlas, in*-4. *v. f.*
115. Troisième Voyage du capitaine Cook, trad. de l'anglois. *Paris,* 1785, 5 *vol. in*-4. *fig. cart.*
116. Voyage de la Pérouse autour du Monde. *Paris,* 1797, 4 *vol. in*-4. *et atlas in-fol. cart. lettres grises.*
117. Voyage de Paul Lucas en Turquie, Asie, etc. *Amst.* 1744, 3 *vol. in*-12. *fig. v. f.*
118. Voyage dans l'Asie mineure et en Grèce, par Chandler, trad. de l'anglois. *Paris,* 1806, 3 *vol. in*-8. *br.*
119. Voyage en Syrie et en Egypte, par Volney. *Paris,* 1807, 2 *vol. in*-8. *fig. br.*
120. Les nouvelles découvertes des Russes, entre l'Asie et l'Amérique, par Coxe, trad. de l'anglois. *Paris,* 1781, *in*-4. *fig. v. j.*
121. Voyage en Sibérie, par Chappe. *Paris,* 1768, 3 *vol. gr. in*-4. *v. éc. et atlas in-fol. vél.*
122. Voyage en Sicile et à Malthe, par Brydone, trad. de l'anglois. *Paris,* 1775, 2 *vol. in*-8. *v. j.*
123. Voyage à Barège, par Dusaulx. *Paris,* 1796, 2 *vol. in*-8. *br. Pap. Vél.*
124. Nouveau Voyage en Espagne, en 1777 et 1778, (par Peyron.) *Paris,* 1782, 2 *vol. in*-8. *v. j.*
125. Voyage pittoresque de la Flandre et du Brabant, par Descamps. *Paris,* 1769, *in*-8. *fig. v. j.*

126. Voyage en Pologne et en Allemagne, en 1793, par un Livonien, trad. de l'allemand, (par Eyriès.) *Bruxelles*, 1807, 2 *vol. in*-8. *br.*

127. Voyage en Nubie et en Abyssinie, par Bruce, trad. de l'anglois. *Paris*, 1790, *in*-4. *fig. cart. Les tomes* 1 *et* 2 *, et l'atlas.*

128. Voyages dans l'intérieur de l'Afrique, par Houghton et Mungo-Park, trad. de l'anglois. *Paris*, 1801 *, in*-8. *bas.*

129. Discours sur l'Histoire universelle, par Bossuet. *Paris*, 1765, 2 *vol. in*-12. *v. m.*

130. La Vie du pape Sixte cinquième, trad. de l'italien de Gregorio Leti. *Paris*, 1758, 2 *vol. in*-12. *fig. v. j.*

131. Histoire des Religions, par Delaulnaye. *Paris*, 1791, *gr. in*-4. *en feuilles. Pap. Vél. fig. avant la lettre.* Livraisons 1—3.

132. Histoire ancienne, par Rollin. *Paris*, 1758, 14 *vol. in*-12. *v. m.*

133. Pausanias, ou Voyage historique de la Grèce, trad. par Gedoyn. *Amst.* 1733, 4 *vol. in*-12. *fig. v. éc.*

134. Atlas pour le Voyage d'Anacharsis, de la dernière édition. *In-fol. dem. rel. dos de mar.*

135. Les Histoires d'Hérodote, trad. par Du Ryer. *Paris*, 1677, 3 *vol. in*-12. *v. b.*

136. La Retraite des Dix mille, de Xénophon, trad. du grec par Perrot D'Ablancourt. *Amst.* 1753, 2 *vol. in*-12. *v. m.*

137. Histoire universelle de Diodore de Sicile, trad. par Terrasson. *Amst.* 1743, 7 *vol. in*-12. *bas.*

138. Œuvres de Salluste en latin et en françois, trad. par Dureau de Lamalle. *Paris*, 1808, *in*-8. *br.*

139. Les Antiquités romaines de Denys d'Halicar-

126. Bou.

P.
Brunard.

P.

Brunard.

P.
Crozet.

130. and.

avec les 7 vol. sur très grand papier

P.
P.
Nozeran

P.
Crozet

P.

Thurian

Le....

Crozat.

Mazeraux

Simonnet.

Le Clerc.

P.

Brunard.

M. Vernet.

Ledon

pierre

P.

nasse, trad. du grec par Le Jay. *Paris*, 1722, 2 *vol. in-4. v. m.*

140. Histoire romaine de Tite-Live, en latin et en françois, trad. par Dureau de Lamalle. *Paris*, 1810, 15 *vol. in-8. br.*

141. Tacite, en latin et en françois, traduit par Dureau de Lamalle. *Paris*, 1808, 5 *vol. in-8. br.*

142. Les Ecrivains de l'Histoire Auguste, trad. par de Moulines. *Paris*, 1806, 3 *vol. in-12. br.*

143. Histoire romaine, par Catrou. *Paris*, 1725, 21 *vol. in-4. fig. v. b.*

144. Histoire romaine, par Rollin. *Paris*, 1740, 16 *vol. in-12. v. m.*

145. Histoire des Empereurs romains, par Crevier. *Paris*, 1763, 12 *vol. in-12. v. m.*

146. Histoire des Révolutions romaines, de Suède et de Portugal, par de Vertot. *Paris*, 1767, 6 *vol. in-12. v. m.*

147. Tableaux historiques des campagnes d'Italie. *Paris*, 1806, *grand in-fol. fig. cart.*

148. Delle magnificenze antiche e moderne di Roma, da Giuseppe Vasi. *In Roma*, 1773, 2 *vol. in-fol. oblong, fig. cart.*

149. Nuova Pianta di Roma, da G. B. Nolli. 1748, *in-fol. dem. rel.*

150. L'Etranger instruit des Curiosités de la ville de Venise. *Venise*, 1771, *pet. in-8. fig. cart.* avec des notes de M. Moreau. = Description de la ville de Rome. *Rome*, 1783, 2 *tom. en* 1 *vol. in-12. cart.* = Guide des Etrangers à Poussol. *Naples*, 1784, *in-12. cart.* = Guide des Voyageurs en Italie. *Rome*, 1775, *in-12. br.*

151. Histoire de France, par Velly. *Paris*, 1769, 33 *vol. in-12. v. m.*

152. Abrégé chronologique de l'Histoire de France,

par le Président Hénault. *Paris,* 1768, 2 *vol. in-4. v. éc.*

2 - - 55 153. Histoire de Louis xi, par Duclos. *Paris,* 1745, 3 *vol. in-12. v. m.*

~~10 - - 5~~
8 - - - - 154. Histoire de la Maison de Bourbon, par Désor-meaux. *Paris,* 1772, 5 *vol. in-4. fig. rel. et br.*

6 - - 10 155. Mémoires de Sully. *Londres,* 1747, 8 *vol. in-12. v. m.*

Il manque le tome Ier.

20 - - 5 156. Mémoires du Maréchal de Richelieu. *Paris,* 1793, 9 *vol. in-8. br.*

3 - - 35 157. Essais historiques sur Paris, par de Saint-Foix. *Paris,* 1763, 5 *vol. in-12. v. m.*

3 - - 85 158. Almanach historique de là Révolution, par Rabaut. *Paris,* 1792, *in-18. br. Pap. Vél. fig. avant la lettre.*

10 - - 5 159. Histoire de la Milice françoise, par le P. Da-niel. *Paris,* 1728, 2 *vol. in-4. fig. v. b.*

4 - - 160. Annales du règne de Marie-Thérèse, par Fro-mageot. *Paris,* 1775, *in-8. fig. v. éc.* = Tableau historique et politique des anciens Gouverne-mens de Zurich et de Berne. *Paris,* 1810, *in-8. br.*

112 - - 161. Tableau général de l'Empire Ottoman, par Mouradja d'Ohsson. *Paris,* 1787, 2 *vol. gr. in-fol. fig. cart.*

6 - - 10 162. Mœurs et Usages des Turcs, par Guer. *Paris,* 1747, 2 *vol. in-4. fig. v. j.*

3 - - 10 163. Lettres sur l'Origine des Sciences, sur celle des Peuples de l'Asie, et sur l'Atlantide, par Bailly. *Paris,* 1777, 2 *vol. in-8. bas. et br.*

3 5 - - 50 164. Histoire philosophique de Raynal. *Genève,* 1782, 10 *vol. in-8. v. m. et atlas v. m.*

2 - - 165. Description de l'Egypte, par Maillet. *Paris,* 1740, 2 *vol. in-12. fig. bas.* = Idée du Gouver-nement ancien et moderne de l'Egypte, (par le Mascrier). *Paris,* 1743, *in-12. dem. rel.*

Simonnet.

p.

p.

Loiseau

p.

Brenard.

gregoire

p.

Brunet.

Loiseau

p.

pierre.

p.

revendns imparfait d'une figure.

avec les trois planches 13.19. et 36 du 6

grégoire

p.

grégoire.

pierre.

p.

Loiseau

p.

Le Clerc.

Arnaud.

La Loy

Loiseau

166. Histoire de l'Amérique, par Robertson, trad. de l'anglois. *Paris*, 1778, 2 *vol. in*-4. *v. m.*

167. Histoire de la Conquête du Mexique, par Solis, trad. de l'espagnol. *Paris*, 1759, 2 *vol. in*-12. *fig. v. m.* = Histoire de la Conquête du Pérou, par Aug. de Zarate, trad. de l'espagnol. *Paris*, 1742, 2 *vol. in*-12. *fig. v. m.*

168. Nouvelle Méthode du Blason, par le P. Ménestrier. *Lyon*, 1780, *in*-8. *fig. v. m.*

169. Histoire généalogique de la Maison de Beaumont en Dauphiné. *Paris*, 1779, *in-fol. v. m.*
Il n'a été tiré que cent exemplaires de cet ouvrage, et il n'en a point été vendu. *Note écrite sur le frontispice.*

170. L'Antiquité expliquée, par Montfaucon. *Paris*, 1722, 10 *vol. in-fol. fig. dem. rel.*
Il manque les tomes 7 et 8.

171. Le Costume des Peuples de l'Antiquité, par Lens. *Dresde*, 1785, *in*-4. *fig. bas.*

172. Histoire de l'Art chez les Anciens, par Winkelmann. *Amst.* 1766, 2 *vol. in*-8. *v. f.*

173. Histoire de l'Art chez les Anciens, par Winkelmann. *Paris*, 1802, 3 *vol. in*-4. *fig. cart.*

174. Antiquités étrusques, grecques et romaines, publiées par d'Hancarville. *Naples*, 1766, *gr. in-fol. v. m. fig. coloriées.* Les tomes 1 et 2.

175. Observations sur les Antiquités de la ville d'Herculanum, par Cochin. *Paris*, 1754, *in*-12. *fig. v. m.* = Du Laocoon, trad. de l'allemand de Lessing. *Paris*, 1802, *in*-8. *v. rac.*

176. Eclaircissemens sur l'Inscription de Rosette, par Ameilhon. *Paris*, 1803, *in*-4. *fig. br.* = Rapport à l'Institut d'un Voyage dans les départemens du Bas-Rhin, par Camus. *Paris*, *l'an XI*, *in*-4. *br.*

177. Galerie historique des Hommes les plus célèbres, publiée par M. Landon. *Paris*, 1805, 13 *vol. in*-12. *fig. br.*

110 - - 178. Les Œuvres de Plutarque, trad. en françois
par Amyot. *Paris*, 1783, 25 *vol. in-8. fig. bas.*

6 - -10 179. Entretiens sur les Vies et sur les Ouvrages des
plus excellens Peintres anciens et modernes, par
Felibien. *Paris*, 1666, 2 *vol. in-4. v. b.*

2 - - - 180. Extraits des différens ouvrages publiés sur la
Vie des Peintres, (par Papillon de la Ferté).
Paris, 1776, 2 *vol. in-8. br.*

FIN.

Le Clerc.

p.

Simonnet.

Sɪ les Cabinets des Artistes n'offrent point ordinairement , soit en tableaux , dessins ou autres productions des arts, de ces morceaux d'élite qu'il n'est permis qu'à l'amateur opulent d'acquérir, ils se font toujours remarquer par le choix soutenu des articles de second ordre qui les composent.

Le Cabinet peu nombreux de feu M. Moreau jeune, l'un des dessinateurs les plus distingués de notre École, est une preuve de ce que j'avance. Le moindre article annonce son goût et ses connoissances. Tout en respectant, et même en partageant son opinion sur plusieurs morceaux de son Cabinet, il est de notre devoir de la soumettre aux connoisseurs. L'exposition publique qui se fera de cette intéressante Collection, la veille de la vente, depuis onze heures jusqu'à quatre, les mettra à même d'assigner à chaque article le rang qu'il doit occuper dans la curiosité.

On remarquera dans les Tableaux un buste de vieille, étude d'une belle couleur et frappante de vérité, par *Rembrandt* ; un paysage orné de figures et bestiaux, dans le style d'*Albert Cuyp* ; deux productions de *D. Teniers*, l'une pastiche, dans le goût italien, offrant S. Pierre à genoux dans un fond de paysage, et l'autre un site de Flandre, pris à l'effet d'un clair de lune ; une précieuse et ancienne copie de *Raphaël*, sujet de la Sainte-Famille ; un très-joli paysage, effet de neige, par M. *César Vanloo*, etc. etc.

Dans les Dessins, un sujet du Buisson ardent, attribué à *Raphaël* ; deux riches compositions, par *Paul Véronèse* et le *Tintoret* ; quatre études de figures drapées, par *E. Le Sueur*, dont une en feuille ; un dessin capital, par *J. Vernet*, offrant le riche point de vue d'un port d'Italie ; la première pensée du sujet de la mort de Socrate, par

M. *David;* une vue du château de Madrid, par
L. Moreau, etc. etc. etc.

Dans les Estampes, plusieurs pièces par *Rembrandt*, dont la petite Tombe, et différens portraits; le *Bouma*, par *Vischer*; le Testament
d'*Eudamidas*, par *Pesne*, d'après *Poussin*, ancienne épreuve; le Martyre de sainte Agnès et le
Rosaire, d'après le *Dominiquin*, deux pièces en
hauteur, par *G. Audran*; la Présentation au
Temple, d'après *Ch. Le Brun*, et le Martyre de
S. Laurent, d'après *Le Sueur*, deux grandes pièces
en hauteur, par le même; les deux Vénus, d'après
le Titien, par *Strange*, bonnes et anciennes
épreuves; quatre pièces, par *Wille*, savoir, le
Marc-Antoine, avant la lettre; les Offres réciproques, l'Observateur distrait, et les Bons
Amis, etc. etc.

Plusieurs dessins en feuilles, croquis, études de
figures, paysages, par différens bons Maîtres des
trois Ecoles, seront vendus par lot dans le cours
de la vacation, qui sera terminée par la vente d'un
guéridon en acajou, avec dessus de granit gris, de
deux pouces d'épaisseur.

Tous les articles composant cette vente seront
exposés publiquement le mercredi 5 juillet, depuis
onze heures jusqu'à quatre, maison dudit feu
sieur Moreau, rue d'Enfer, n° 14.

Les Livres seront exposés dans l'ordre qui suit :
Lundi 3 juillet 1815.
Les numéros 31 à 60. — 1 à 30. — 61 à 90.
Mardi 4 juillet.
Les numéros 117 à 180. — 91 à 116.

Jeudi 6 et Vendredi 7 juillet.
Les Tableaux, Dessins, etc.

DE L'IMPRIMERIE DE CRAPELET.

5.

5.

5.

60.
95.
50.
30.

10.

5.

5.

Les Livres seront exposés dans l'ordre qui suit :

Vendredi 20 *Octobre* 1815, *onze heures du matin.*

Les N°ˢ 31 à 60. — 1 à 30. — 61 à 90.

Samedi 21 *Octobre.*

Les N°ˢ 117 à 180. — 91 à 116.

Le Dimanche 22 *Octobre.*

Les Tableaux, Dessins, etc. qui composent le cabinet de M. Moreau, seront exposés publiquement depuis onze heures jusqu'à quatre, en sa maison rue d'Enfer, n° 14.

Lundi 23 *et Mardi* 24 *Octobre.*

Les Tableaux, Dessins, etc.

p. — Correspondance de Grimm. 1ère part. 6 vol. br. —————— 22

Durand   psyché de moreau h. fig. avant la lettre dem. rel.
          gr. pap. velin et eaux fortes — — — — — — 2

Renouard. paul et virginie, paris, didot 1806. h. p. vel. sans fig.
           dem. rel. dos d. mar — — — — — — — 30

pierre.   pierres gravées d'orléans, 2 vol. in fol. d. m. rel. — — 5

le clère . nouv. testament, 5 vol. in 4. gr. p. vel. fig. avant la lettre
           et eaux fortes dem. rel. dos de mar. le 5e en feu. — — 89

p.   fig. pour les actes des apôtres, in 4. avec explic. m. — 7

Renouard. — idem très gr. pap. sans explic — — — — 7

p.   1 — d. in 4. et quelques eaux fortes — — — 4.

           fig. du molière, in 4. avant la lettre 31 pièces ——— 39

pichard   fig. de la fontaine 26 planches — — — — 34.

p.   quatre suites différentes de Racine, par complettes — 19.

Renouard   eaux fortes du nouveau testament. — — — — 15.

p.   paquet d'étranges du nouv. testament. des ouvrages de
           gail, de l'énéide — — — — — — — 9

Renouard télémaque in 8. fig. avant la lettre 23 pièces et
          3 suites de gravés import. — — — — — 25.

          ————————

Renouard cuivres de gérard de nevers et de jehan de
          saintré — — — — — — — — 40.

idem.   2 cuivres pour les œuvres de Voltaire — — 40.

idem —   cuivres pour le virgil pesant 32 livres — ——— 72.

9 782014 109498